Siegrun Boß-Kulbe

Von Herz zu Herz

Romantische Kreuzstichmotive

CHRISTOPHORUS
BRUNNEN-REIHE

SEIT MEHR ALS 30 JAHREN STEHT DER NAME „CHRISTOPHORUS“ FÜR KREATIVES UND KÜNSTLERISCHES GESTALTEN IN FREIZEIT UND BERUF. GENAUSO WIE DIESER BAND DER BRUNNEN-REIHE IST JEDES CHRISTOPHORUS-BUCH MIT VIEL SORGFALT ERARBEITET: DAMIT SIE SPASS UND ERFOLG BEIM GESTALTEN HABEN – UND FREUDE AN SCHÖNEN ERGEBNISSEN.

ISBN 3-419-55842-2

Lektorat: Maria Möllenkamp, Freiburg
Styling und Fotos: Peter Nielsen, Umkirch
Zeichnungen: Siegrun Boß-Kulbe, Olching
Zählvorlagen: Irene Fackler, Freiburg
Umschlaggestaltung: Network!, München
Produktion: Print Production, Umkirch
Druck: Freiburger Graphische Betriebe, 1996

CHRISTOPHORUS
BÜCHER MIT IDEEN

Inhalt

Romantische Herzen

Herzen sind ein schönes und sehr vielseitiges Stickmotiv. Auf Kissen und Lavendelsäckchen, als Tischband oder in der Küche sorgen sie für romantische Stimmung und sind ein liebevolles Geschenk.

Stickanleitung

- Zunächst die Saumlinien oder je nach Modell die Mittellinien heften und danach die Stickerei einteilen.
- Die Modellskizzen von Seite 4 bis 7 zeigen die Fertiggrößen. Die Nahtzugaben müssen hier also noch hinzugerechnet werden.
- Zuerst werden die Kreuzstichmotive gestickt, danach mit Rückstich die Detaillinien und Konturen.
- Ein Kästchen in der Zählvorlage ist immer ein Kreuzstich über zwei Gewebefäden oder ein AIDA-Quadrat.
- Bei den Zählvorlagen sind die jeweiligen Farbnummern des Anchor-Sticktwistes von Coats Mez angegeben.
- Für gezählte Stickerei verwenden Sie immer eine Sticknadel ohne Spitze.

Kreuzstich

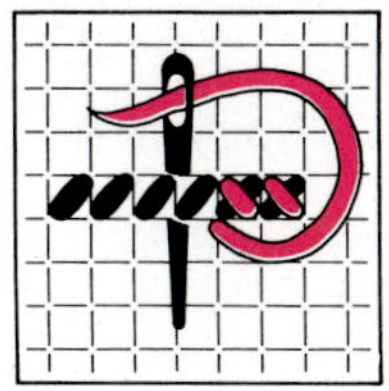

Zuerst die Grundstiche sticken und darüber die Deckstiche. Sie müssen alle in gleicher Richtung liegen.

Rückstich

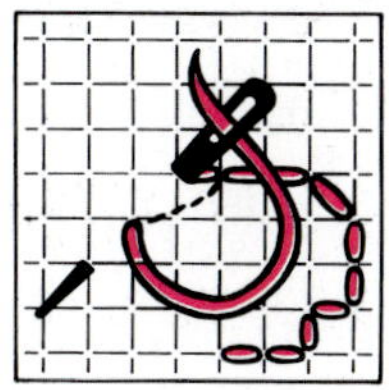

Der Rückstich wird zum Nachsticken von Linien und Konturen eingesetzt. Er wird von rechts nach links gearbeitet. Auf der Rückseite geht er über zwei Stiche.

Zweigart-Handarbeitsstoffe

ANNABELLE 3240	ca. 112 Gewebefäden = 10 cm 100% Baumwolle
BELLANA 3256	ca. 80 Fäden = 10 cm 52% Baumwolle, 48% Viskose
LUGANA 3835	ca. 100 Fäden = 10 cm 52% Baumwolle, 48% Viskose
FLOBA 1198	ca. 69 Gewebefäden = 10 cm 70% Viskose, 30% Leinen
AIDA-BÄNDER	7008: Bandbreite ca. 8 cm = 42 Stiche 7107: Bandbreite ca. 5 cm = 26 Stiche 60 Stiche = 10 cm, 100% Baumwolle
WAFFELPIKEE-HANDTUCH 5343	ca. 40 Stiche = 10 cm Länge Bordürenbreite: ca. 5,5 cm = 23 Stiche

Für die Kreuzstichstickerei werden Handarbeitsstoffe mit quadratischer Gewebestruktur verwendet. Das heißt, Längs- und Querfadensystem haben die gleiche Fadenzahl. Die vorgestellten Modelle wurden auf Stoffe mit unterschiedlicher Fadendichte und Materialzusammensetzung gestickt. Wenn Sie ein anderes als das vorgeschlagene Gewebe auswählen, ändern sich Motivgröße und Stoffbedarf

Modellbeschreibungen

Karten
Seite 3

Passepartoutkarten finden Sie in großer Auswahl im Fachhandel. Den Stoff, Lugana 3835, naturweiß, in Kartengröße zuschneiden. Die Herzmotive von Kissen oder Nadelkissen von der Mitte her einteilen.

Herzkissen
Seite 8

Kissen und Rückwandstoff (farblich passender uni oder gemusterter Baumwollstoff) laut Schnitt zuschneiden. Beim Zusammennähen 2 m gekrauste, weiße Wäschespitze miteinfassen.

Bild und Schleife
Seite 10

Für das Bild das Vogelherz-Motiv in die Stoffmitte plazieren. Vor dem Rahmen aus Fotokarton ein passendes Passepartout schneiden. Zum Rahmen des Bildes siehe Seite 7 unten.
Das Band von beiden Enden her besticken. Tütenecken nähen: Das Band längs rechts auf rechts zur Hälfte falten und steppen. Die Naht ausstreichen. An der Spitze eine kleine Tüte legen, nicht abschneiden. Die Ecke wenden und die Spitze mit der Sticknadel vorsichtig herausziehen.

Dose „Efeuherz"
Seite 12

Das Motiv in die Stoffmitte plazieren. Den Deckel einer Papp- oder Spanschachtel mit dem bestickten Stoff beziehen, den Deckelrand mit einer passenden Bordüre versehen. Für die übrige Schachtel einen unifarbenen Baumwollstoff verwenden oder die Schachtel anmalen.

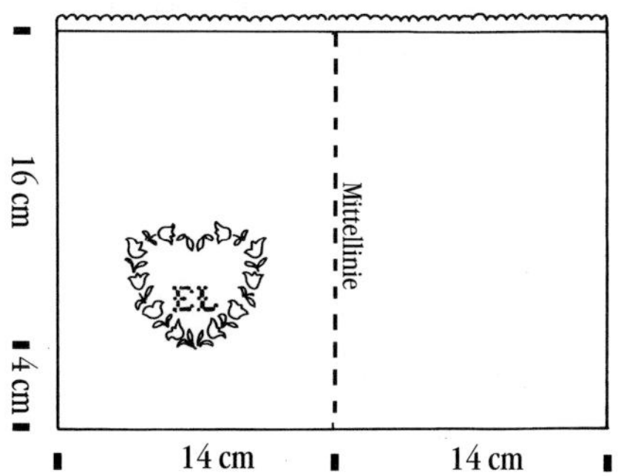

Lavendelsäckchen
Seite 14

Das Motiv laut Skizze plazieren. Nach dem Sticken an die obere Kante Spitze nähen, dann Boden und Seitenkanten zusammennähen. Säckchen wenden, mit Lavendel füllen und zubinden.

Nadelkissen
Seite 16

Das Motiv in die Mitte der einen Stoffhälfte plazieren. Nach dem Sticken die Rückwand gegennähen. Das Kissen fest ausstopfen. Mit einer roten Kordel, die an einer Ecke zur Schleife gebunden wird, umnähen.

Kissen
Seite 18

Das Motiv in die Mitte des Stoffes plazieren. Nach dem Sticken die Rückwand gegennähen.

Romantisches Bild
Seite 19

Zum Rahmen eines Bildes siehe Seite 7.

Kinderlätzchen
Seite 20

Das Lätzchen laut Skizze besticken. Nach Schnitt zuschneiden. Mit weißer Paspel säumen, die Bändel und den Halsausschnitt ebenfalls mit Paspelband, ca. 70 cm, arbeiten.

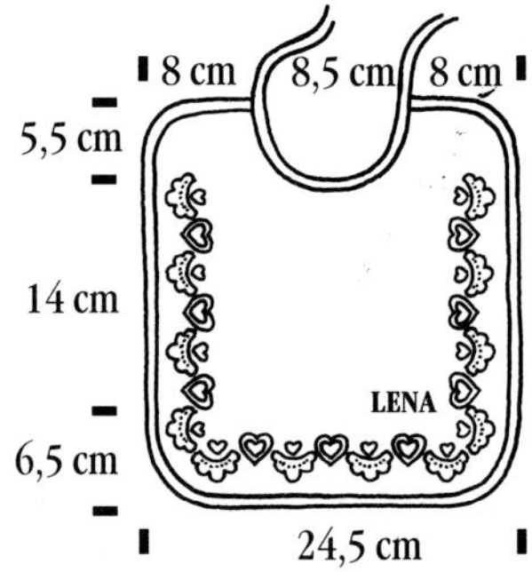

Handtuchborten
Seite 22

Konfektionierte Handtücher gibt es in großer Auswahl. Sie können auch ein Band besticken und auf ein beliebiges Handtuch nähen. Das Motiv über die ganze Breite sticken, dabei von der Mitte her nach rechts und links arbeiten. Anfang und Ende sind auf der Zählvorlage markiert.

Sets „Landhaus"
Seite 24

Das Motiv von der Stoffmitte aus einteilen. Ca. 5 cm vom unteren Rand entfernt beginnen. Das Set nach dem Sticken mit Paspelband säumen.

Topflappen
Seite 26

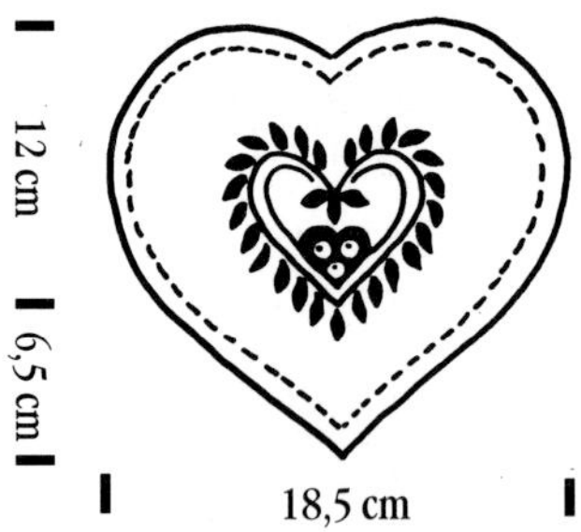

Das Motiv in die Mitte des Stoffes plazieren. Bestickten Stoff, Rückwandstoff und Vlies laut Schnitt zuschneiden, aufeinanderlegen und heften. Mit Paspelband säumen, dabei ca. 10 cm Band als Aufhängeschlaufe mitannähen.

Brotkorbdeckchen
Seite 28

Das Deckchen von der Mitte aus einteilen. Auf der Zählvorlage ist etwas mehr als ein Viertel der Decke gezeigt. Zum Sticken drehen. Nach dem Sticken in 5,5 cm Abstand zur Stickerei einen 2 cm breiten Hohlsaum (siehe Seite 7) mit blauem Garn nähen.

Tischband und Lesezeichen Seite 30

Für das Tischband können Sie den Rapport beliebig verlängern. Die Ecken als Tüten arbeiten (Beschreibung siehe unter „Bild und Schleife“). Beim Lesezeichen an der Spitze eine Troddel anbringen.

Hohlsaum

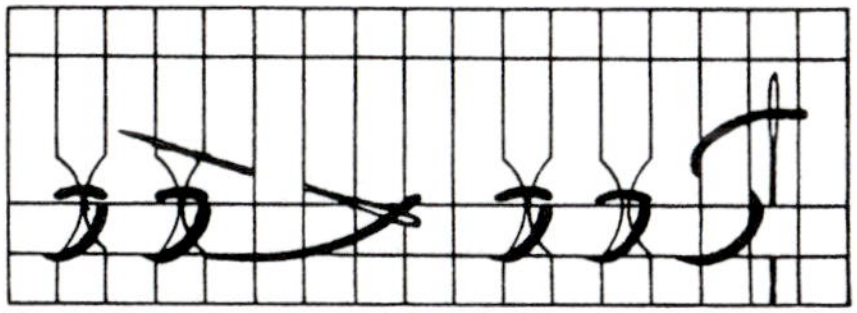

Abwechselnd je zwei Fäden der ausgezogenen Linie fassen, dann zwei Gewebefäden senkrecht in den umgeschlagenen Saum stechen.

Rahmen eines Stickbildes

Wenn Sie das Bild selbst rahmen möchten, ist es günstiger, zuerst einen fertigen Rahmen zu kaufen und danach das Stoffmaß auszurichten. Es sollte rundherum drei bis fünf Zentimeter größer als der Rahmen sein. Stickereien wirken ohne Glasscheibe gerahmt besser. Um die plastische Wirkung hervorzuheben, können Sie das Bild mit Vlies oder dünnem Schaumstoff in Größe der Rückwand etwas aufpolstern. Den Stoff über die Polsterung und die Rückwand spannen, nach hinten umschlagen und mit Doppelklebeband befestigen. Achten Sie darauf, daß das Gewebe fadengerade verläuft.

Herzkissen

LUGANA 3835 weiß

Stoffzuschnitt
ca. 27 x 30 cm

Fertigmaß
ca. 22 x 25 cm

Sticktwist
Kreuzstich
2-fädig

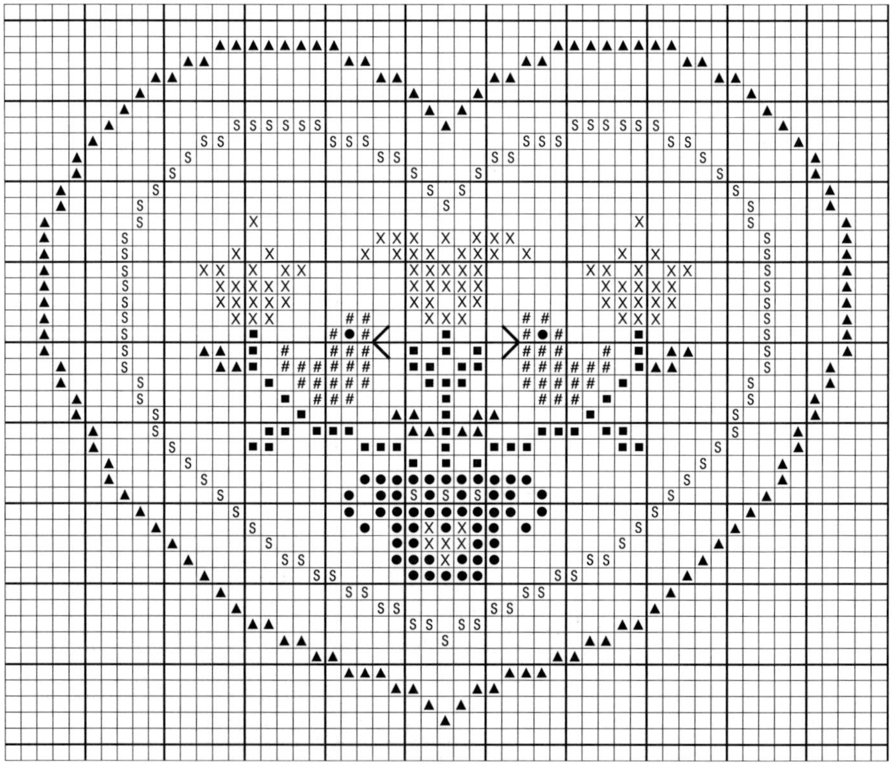

▲	876
●	878
X	1034
■	842
#	361
S	868 + Kontur

Blautöne (Farbaufteilung siehe Abbildung)

hellblau 1034
dunkelblau 1035 + Kontur

Bild und Schleife

LUGANA 3835 creme, AIDA-Band 7008 rot

Stoffzuschnitt
Bild
ca. 25 x 25 cm
Schleife
ca. 2 m lang

Fertigmaß
Bild
17 x 17 cm

Sticktwist
Kreuzstich
2-fädig

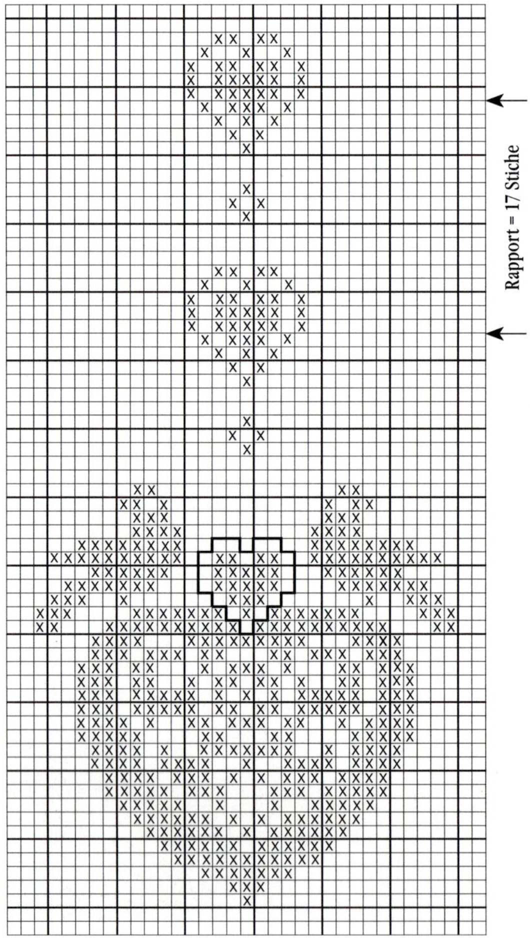

X 19
Schleife Fb. 926

Dose „Efeuherz“

ANNABELLE 3240 rosé

Stoffzuschnitt
ca. 20 x 20 cm

Dosengröße
ca. 2 cm ∅

Sticktwist
Kreuzstich
2-fädig

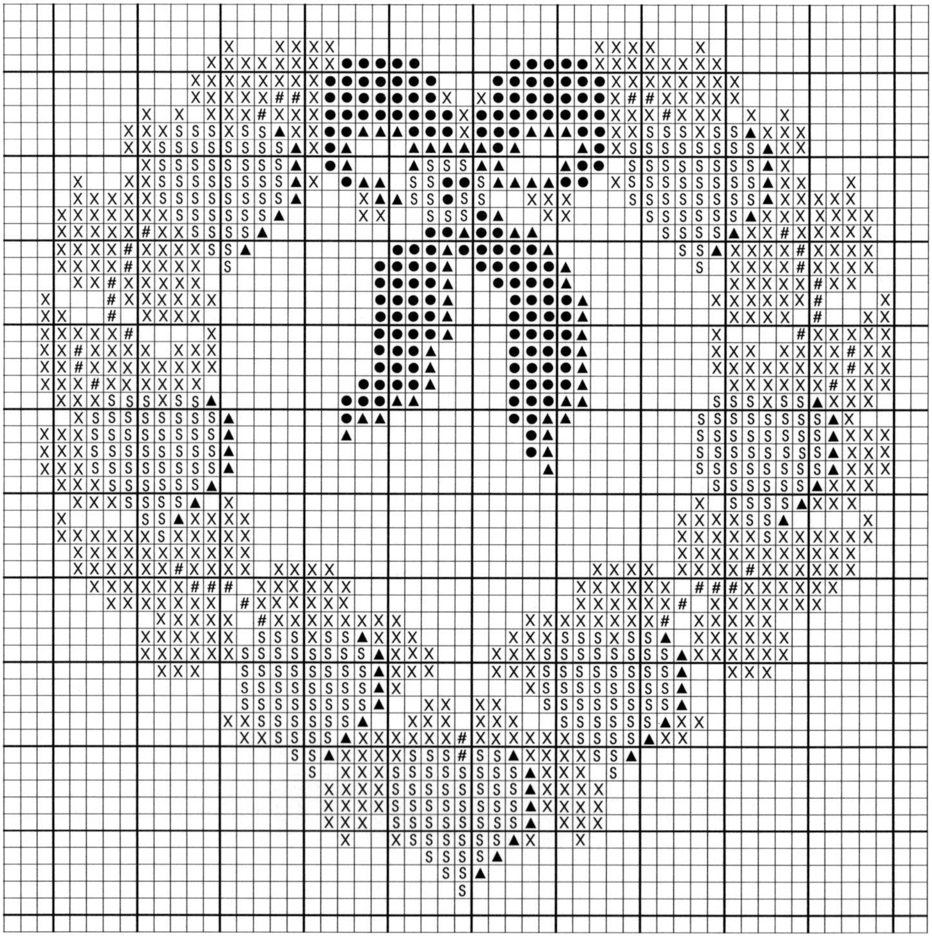

X	228
#	261
▲	13
●	44
S	11

Lavendelsäckchen

ANNABELLE 3240 weiß

Stoffzuschnitt
ca. 16 x 37 cm

Fertigmaß
ca. 13 x 18 cm

Sticktwist
Kreuzstich
2-fädig

●	1034
X	842
S	392

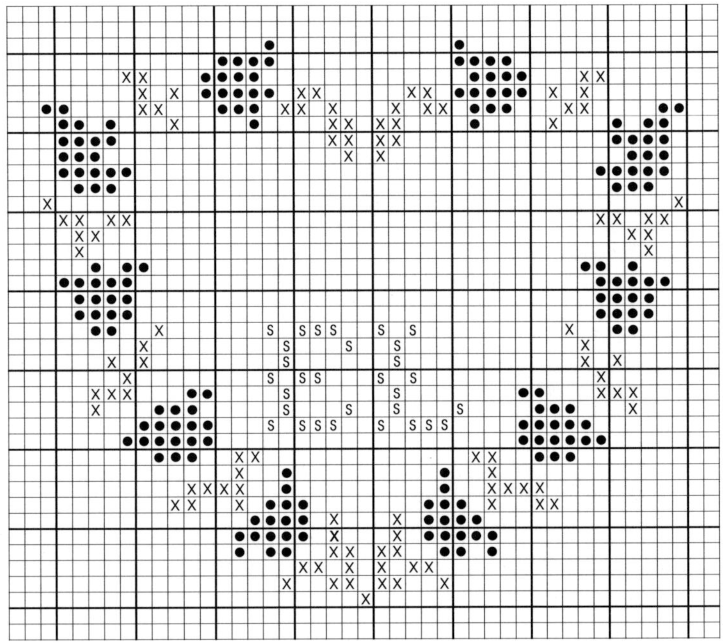

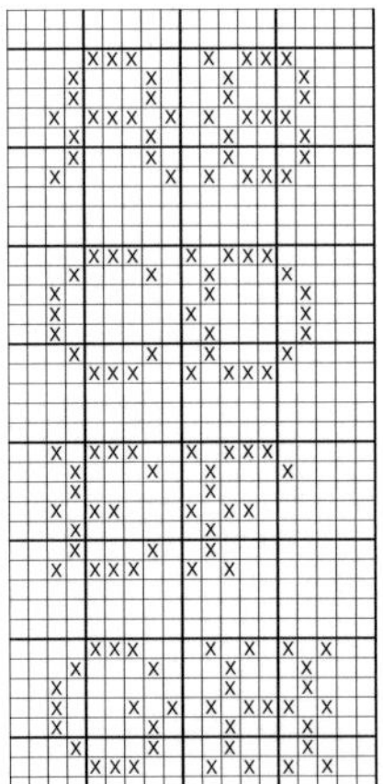

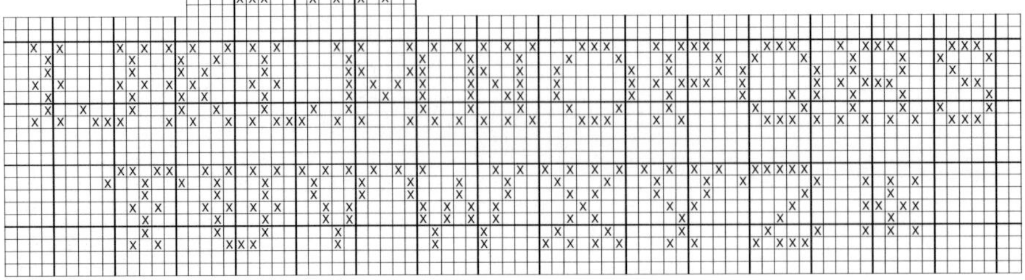

EL

Nadelkissen

ANNABELLE 3240 naturweiß

Stoffzuschnitt
ca. 15 x 30 cm

Fertigmaß
12 x 12 cm

Sticktwist
Kreuzstich
2-fädig

#	262
▲	44
●	878
X	895
S	339

Die Zählvorlage für das Kissen finden Sie auf Seite 18.

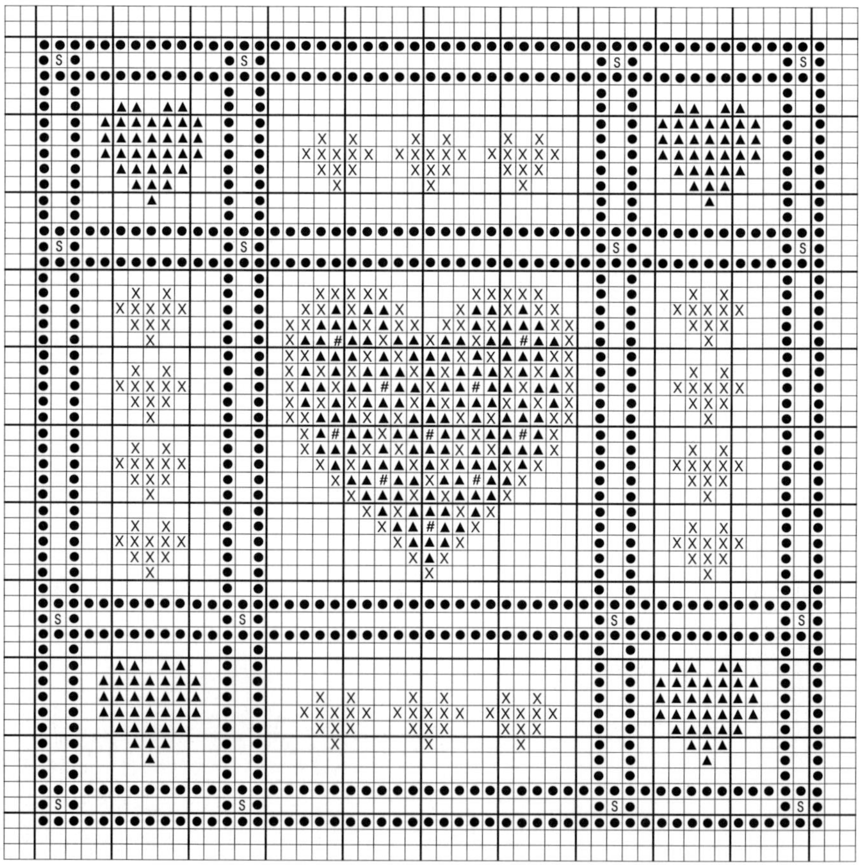

Kissen

Abbildung siehe Seite 17

FLOBA 1198

Stoffzuschnitt
ca. 40 x 80 cm

Fertigmaß
ca. 30 x 30 cm

Sticktwist
Kreuzstich
4-fädig

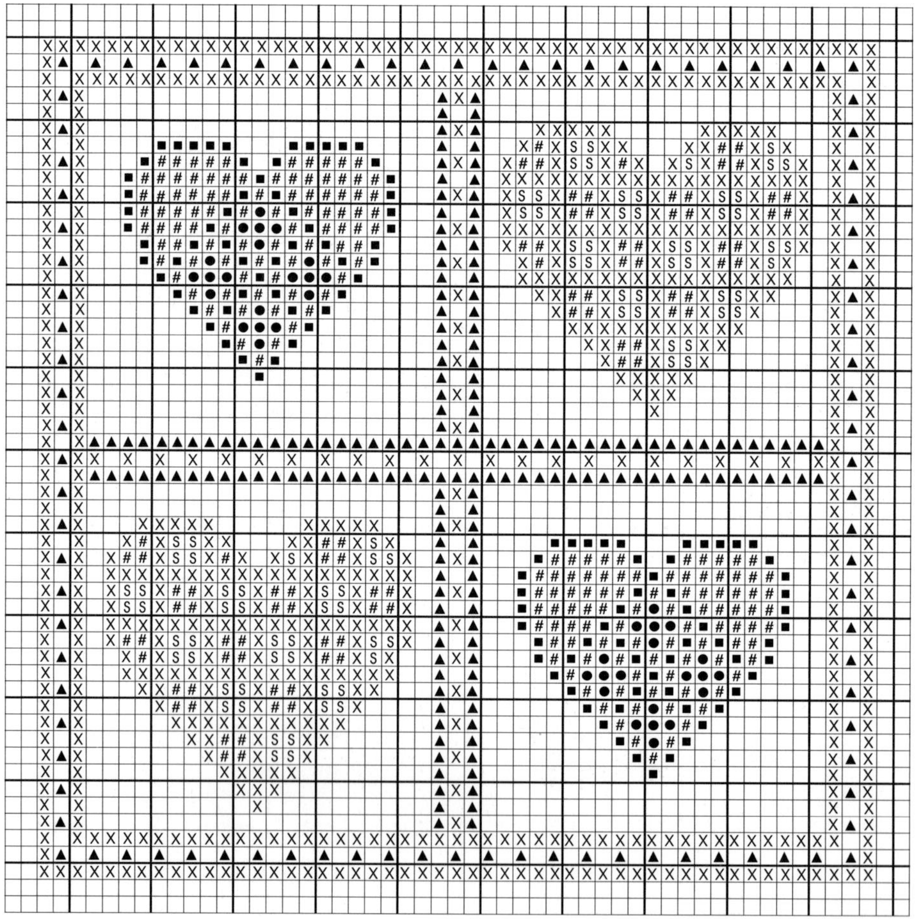

S	842
●	262
X	878
▲	339
#	895
■	44

Romantisches Bild

Abbildung siehe Titelbild

LUGANA 3835 weiß

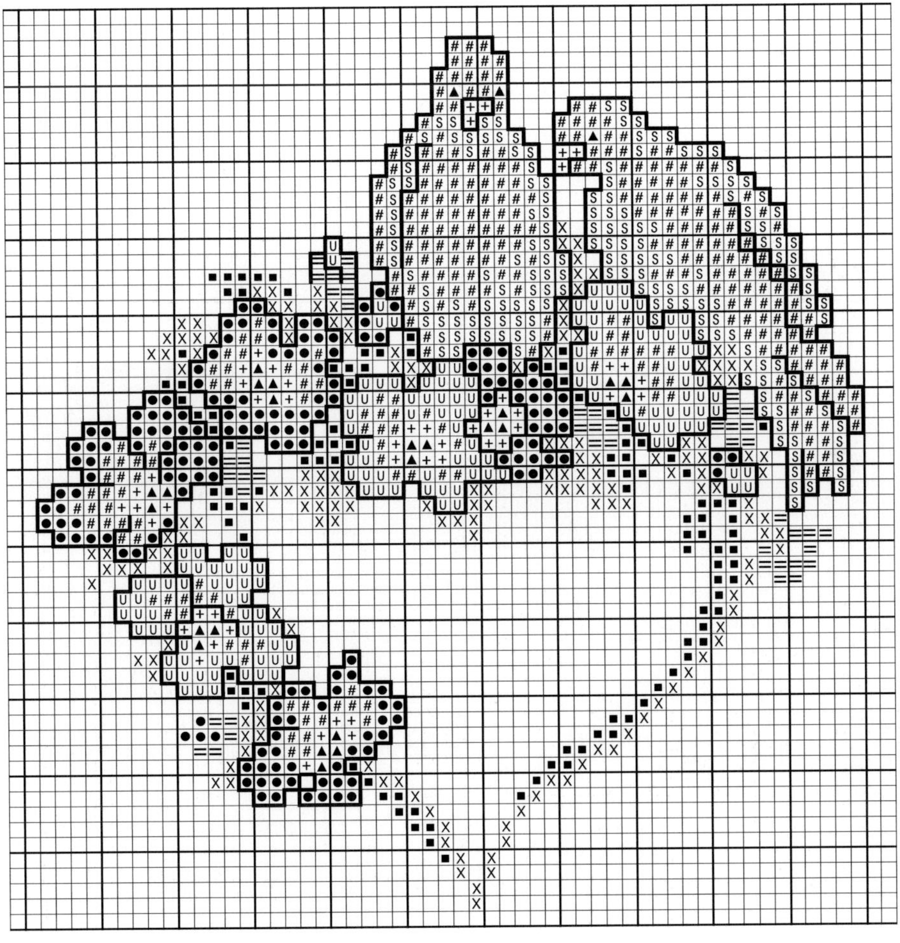

Stoffzuschnitt
ca. 30 x 35 cm

Fertigmaß
ca. 17 x 22 cm

Sticktwist
Kreuzstich
2-fädig
Kontur
1-fädig

●	895
U	968
=	896
#	2
X	860
■	842
+	307
S	397
▲	380 + Kontur

Kinderlätzchen

ANNABELLE 3240 rosa

Stoffzuschnitt
ca. 30 x 32 cm

Fertigmaß
ca. 25 x 27 cm

Sticktwist
Kreuzstich
2-fädig

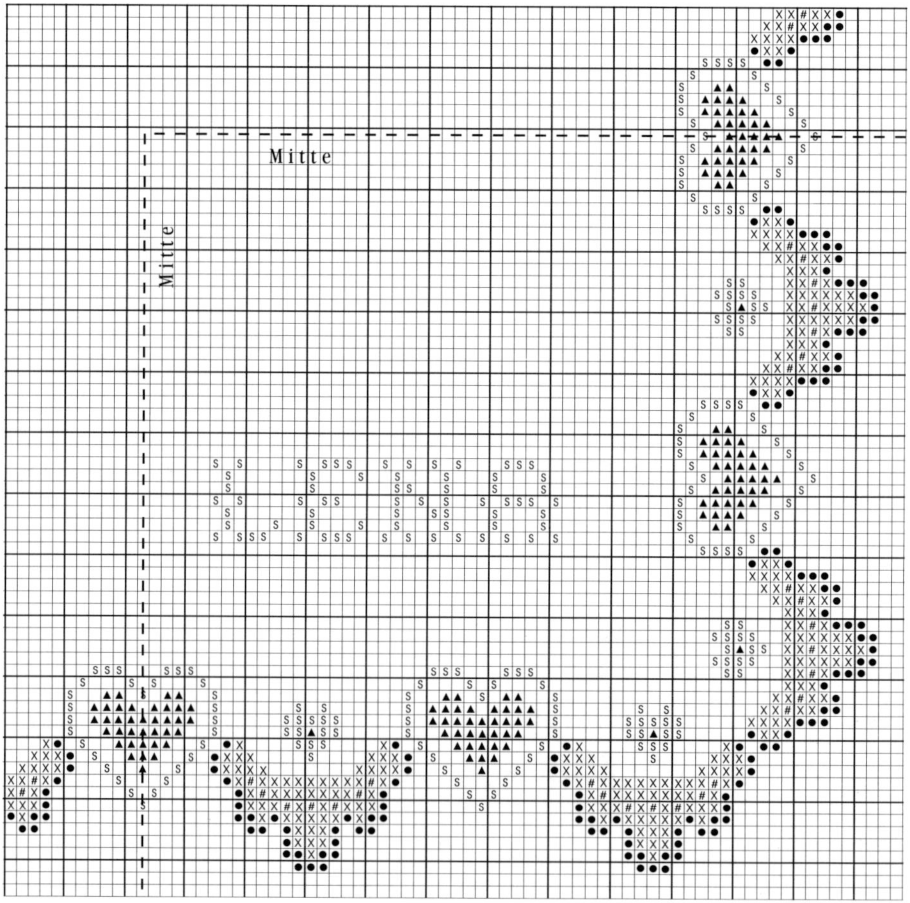

S	895
▲	896
●	878
X	860
#	2

Die Zählvorlage für das Alphabet finden Sie auf Seite 14.

LENA

Handtuchborten

WAFFELPIKEE-HANDTUCH 5343 weiß/rosa, weiß/blau

Stoffzuschnitt/ Fertigmaß
je nach Handtuchbreite

Sticktwist
Kreuzstich
4-fädig

rote Borte

X	261
●	339
S	895
#	361
■	943

blaue Borte

X	1035

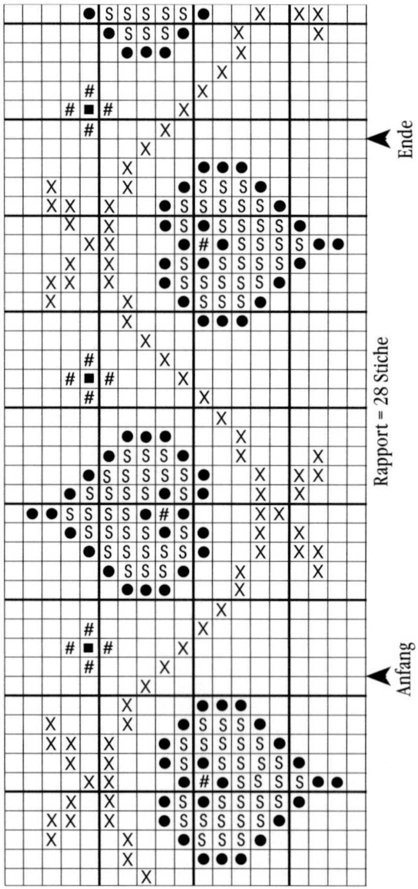

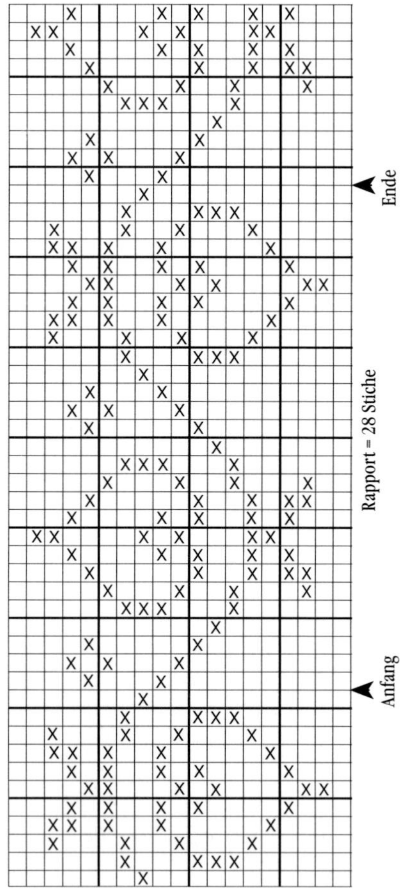

Sets „Landhaus“

BELLANA 3256 hellblau und türkis

X 977
● 44
S 842
▲ 261
1035 + Kontur

Stoffzuschnitt
ca. 40 x 56 cm

Fertigmaß
ca. 32 x 48 cm

Sticktwist
Kreuzstich
2-fädig
Kontur
1-fädig

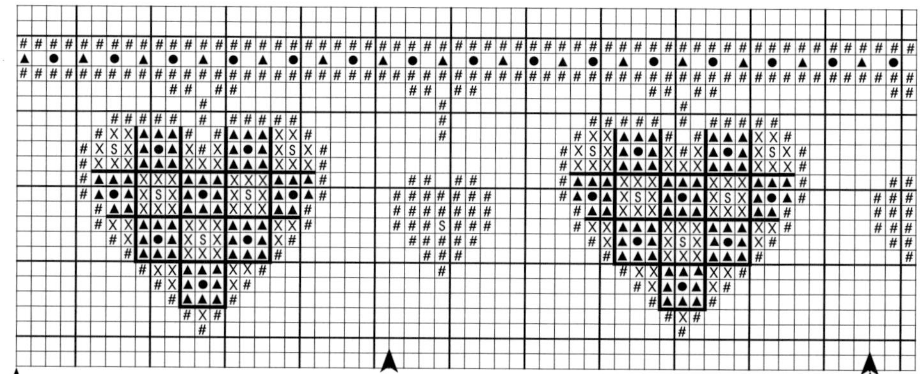

Anfang Rapport = 32 Stiche Ende

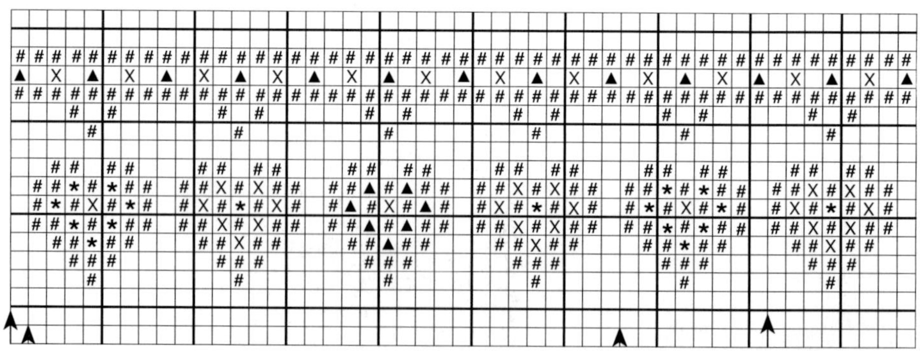

Anfang Rapport = 32 Stiche Ende

1035
X 977
▲ 261
* 339

Topflappen

LUGANA 3835 weiß und rot

Stoffzuschnitt
ca. 22 x 44 cm

Fertigmaß
ca. 19 x 19 cm

Sticktwist
Kreuzstich
2-fädig

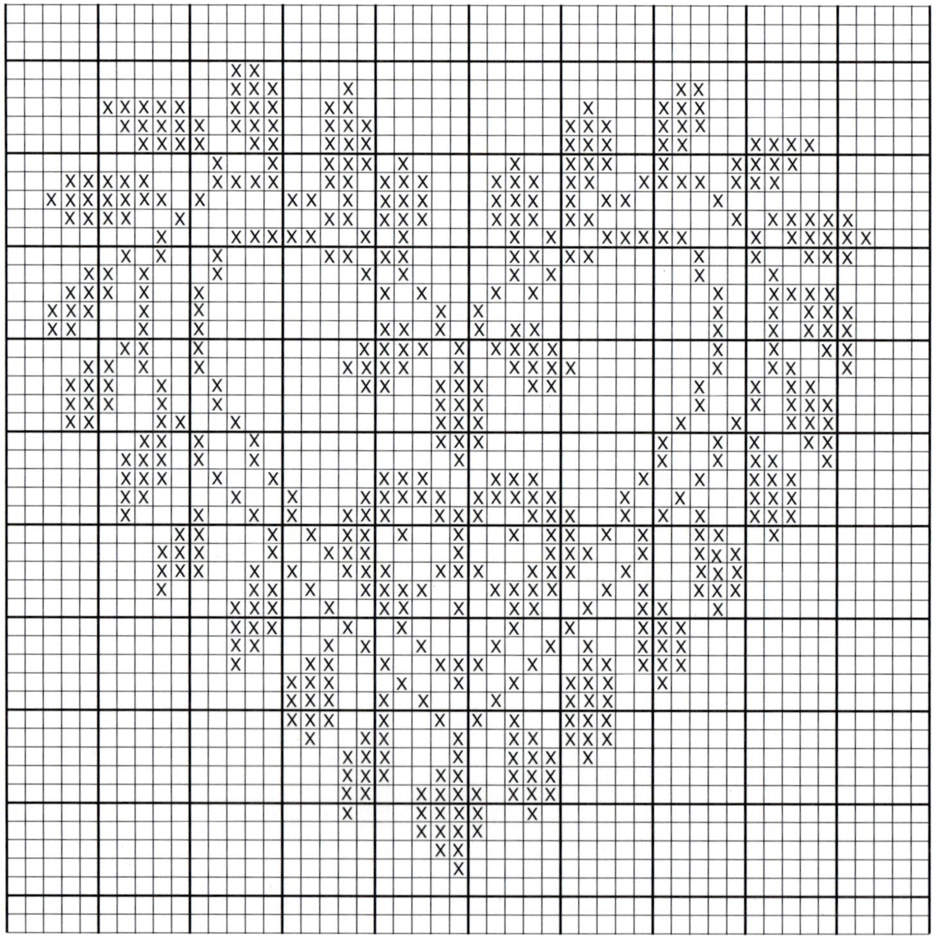

X 47
bzw. Fb. 2

Brotkorbdeckchen

LUGANA 3835 weiß

Stoffzuschnitt
ca. 44 x 44 cm

Fertigmaß
ca. 37 x 37 cm

Sticktwist
Kreuzstich
2-fädig

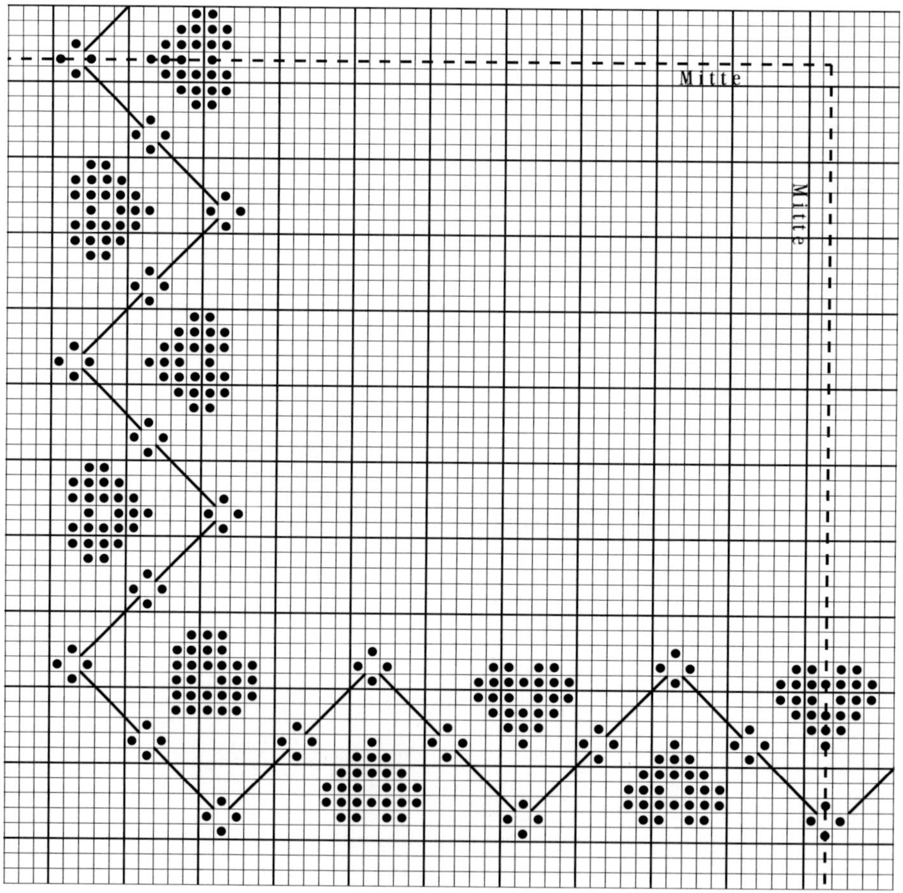

● 1035

Tischband und Lesezeichen

AIDA-Band 7107 weiß und weiß/gelb

Fertigmaß
Tischband
je nach Tischmaß
Lesezeichen
ca. 22 cm

Sticktwist
Kreuzstich
2-fädig

Ansatz

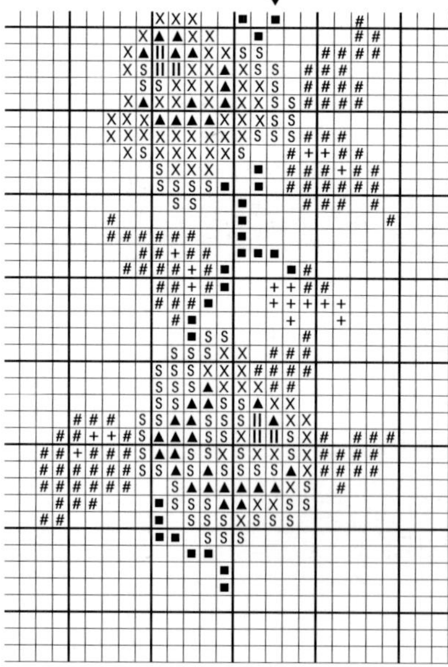

Rapport = 62 Stiche

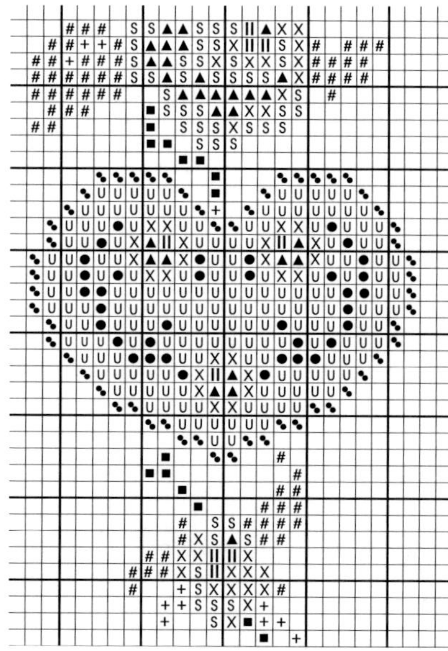

Rapport ff

Ansatz

Tischband

U	885
● (klein)	888
●	217
+	260
#	860
■	906
II	381
▲	970
X	868
S	23

Lesezeichen

U	885	II	381
● (klein)	888	▲	307
●	217	X	298
+	260	S	295
#	860		

Neben dieser Auswahl aus der Brunnen-Reihe haben wir noch viele andere Bücher im Programm. Wir informieren Sie gerne - fordern Sie einfach unsere neuen Prospekte an:

- **Bücher für Ihre Kinder:** Basteln, Spielen und Lernen mit Kindern
- **Bücher für Ihre Hobbys:** Stoff und Seidenmalerei, Malen und Zeichnen, Keramik, Floristik
- **Bücher zum textilen Handarbeiten:** Sticken, Häkeln und Patchwork

Wir sind für Sie da, wenn Sie Fragen zu AutorInnen, Anleitungen oder Materialien haben. Und wir interessieren uns für Ihre eigenen Ideen und Anregungen. Faxen, schreiben Sie oder rufen Sie uns an. Wir hören gerne von Ihnen! Ihr Christophorus-Verlag

Hermann-Herder-Str. 4 / 79104 Freiburg i. Breisgau

CHRISTOPHORUS
Bücher mit Ideen

Tel: 0761/2717-268 oder Fax: 0761/2717-352